CONSEIL GÉNÉRAL DE L'OISE

DEUXIÈME SESSION DE 1910

CRÉATION

D'UNE

INSPECTION DÉPARTEMENTALE

de l'Hygiène et de la Santé publiques

DANS L'OISE

1° **Rapport et Projet de Règlement** présentés par M. le Préfet de l'Oise à la 1re Session de 1910;

2° **Rapport** présenté par M. le Sénateur Emile DUPONT au nom de la cinquième Commission.

BEAUVAIS
IMPRIMERIE CENTRALE ADMINISTRATIVE
15 — PLACE ERNEST-GÉRARD — 15

1910

CONSEIL GÉNÉRAL DE L'OISE

DEUXIÈME SESSION DE 1910

CRÉATION

D'UNE

INSPECTION DÉPARTEMENTALE

de l'Hygiène et de la Santé publiques

DANS L'OISE

1° **Rapport** et **Projet de Règlement** présentés par M. le Préfet de l'Oise à la 1re Session de 1910;

2° **Rapport** présenté par M. le Sénateur Emile DUPONT au nom de la cinquième Commission.

BEAUVAIS
IMPRIMERIE CENTRALE ADMINISTRATIVE
15 — PLACE ERNEST-GÉRARD — 15

1910

CRÉATION D'UNE INSPECTION DÉPARTEMENTALE

de la Santé et de l'Hygiène publiques

ET D'UN

CONTROLE DE L'ASSISTANCE AUX VIEILLARDS

aux Infirmes et aux Incurables privés de ressources

ET DE L'ASSISTANCE MÉDICALE GRATUITE

RAPPORT DE M. LE PREFET

Dans votre séance du 29 septembre dernier, vous m'avez demandé d'étudier et de vous présenter, à votre session actuelle, un projet de règlement portant organisation : 1° d'une inspection départementale de la santé et de l'hygiène publiques ; 2° d'un contrôle du service de l'assistance aux vieillards et de celui de l'assistance médicale gratuite.

Vous trouverez, ci-après, le projet de règlement que j'ai élaboré en exécution de votre délibération. Les dispositions qu'il contient m'ont paru suffisamment précises pour ne nécessiter aucun commentaire, mais je me tiens à votre entière disposition pour vous donner, le cas échéant, tous les éclaircissements dont vous pourriez avoir besoin.

A la suite de ce projet de règlement, j'ai inséré l'arrêté que je me propose de prendre pour fixer les conditions d'admission des candidats au concours, le programme et la composition du jury.

Au nombre des membres devant faire partie de ce

jury, se trouvent deux membres de l'Assemblée départementale désignés par leurs collègues.

Je vous prie de vouloir bien procéder à ces désignations.

Le traitement de l'Inspecteur de la santé et de l'hygiène publiques étant de 7,000 francs et ses frais de tournées pouvant être évalués 2,000 francs, c'est à la somme de 9,000 francs que s'élèveront annuellement les frais du nouvel organisme départemental.

Il serait rationnel de répartir cette somme sur les trois services intéressés : Santé publique, Assistance aux vieillards et Assistance médicale gratuite ; mais, comme il me paraît inutile de la disséminer sans nécessité absolue au budget départemental, je vous propose de l'imputer jusqu'à concurrence de 4,000 francs sur le chapitre de l'assistance aux vieillards, et pour le reste, soit 5,000 francs, sur celui de la santé publique.

Si vous partagez cette manière de voir, les subventions à provenir de l'état et des communes seraient les suivantes :

Pour l'Assistance aux vieillards (État)	.....	2.600f
Pour la Santé publique (État)	....	520
—	(Communes)	2.400
	Total	5.520

Il ne resterait donc à la charge du Département que 3,480 francs.

En prévision du cas où l'Inspecteur de la santé et de l'hygiène publiques entrerait en fonctions dans le courant de l'année, je vous prie de m'autoriser à prélever, d'après les bases indiquées ci-dessus, son traitement et ses frais de tournées sur le crédit inscrit à l'article 4 du chapitre 11, pour le service de la désinfection, et sur celui inscrit à l'article 2 du chapitre 10, pour le service de l'assistance aux vieillards.

PROJET DE RÈGLEMENT

I. — Inspection départementale d'hygiène

ARTICLE PREMIER.

Il est institué, dans le département de l'Oise, un Service d'inspection et de contrôle pour la protection de l'hygiène et de la santé publiques, conformément à l'article 19 de la loi du 15 février 1902.

Ce service est confié, sous l'autorité du Préfet, à un médecin qui prend le titre d'*Inspecteur départemental de la santé et de l'hygiène publiques.*

ARTICLE 2.

L'Inspecteur départemental de la santé et de l'hygiène publiques est nommé au concours.

Nul ne peut prendre part à ce concours s'il n'est pourvu du diplôme de docteur en médecine ; s'il n'est français ou naturalisé français ; s'il est âgé de moins de trente ans et de plus de quarante-cinq ans. Néanmoins, lorsque les circonstances lui paraîtront l'exiger, le Préfet pourra accorder une dispense d'âge de deux ans.

Les autres conditions d'admission des candidats au concours, le programme et la composition du jury seront déterminés par un arrêté spécial.

ARTICLE 3.

L'Inspecteur départemental de la santé et de l'hygiène publiques reçoit en débutant un traitement annuel de 7,000 francs.

Une augmentation de 500 francs peut lui être accordée, au choix, tous les trois ans. A défaut du choix, l'avancement aura lieu, à l'ancienneté, tous les cinq ans.

Le traitement ne peut dépasser 9,000 francs.

Les frais de déplacement sont remboursés sur états justificatifs.

L'Inspecteur participe aux avantages et aux charges de la Caisse départementale de retraites.

ARTICLE 4.

L'Inspecteur départemental de la santé et de l'hygiène publiques doit se consacrer exclusivement à ses fonctions. Il ne peut faire de clientèle ni exercer aucun mandat public.

Il peut être relevé de ses fonctions par le Préfet en cas de faute grave ou d'insuffisance reconnue.

En aucun cas, il ne peut être maintenu en fonctions après l'âge de soixante-cinq ans.

ARTICLE 5.

L'Inspecteur départemental de la santé et de l'hygiène publiques a son bureau à la Préfecture ; ses frais de bureau sont à la charge du Département.

Attributions. Il se tient à la disposition du Préfet pour l'accomplissement de toutes les missions concernant l'hygiène et la salubrité publiques.

D'une manière générale, ses attributions consistent à surveiller et à contrôler sur place le fonctionnement des services sanitaires départementaux et communaux, à s'assurer que toutes les prescriptions légales et réglementaires sont exécutées et à faire au Préfet toutes propositions utiles pour améliorer l'organisation et le fonctionnement de ces services.

Plus spécialement :

Vaccination et revaccination.

Il veille à ce que les listes des personnes soumises à la vaccination et à la revaccination soient convenablement établies ; à ce que les séances publiques de vaccination et de revaccination aient lieu régulièrement ; à ce que le vaccin soit de bonne qualité et à ce que les sanctions légales soient requises contre les réfractaires.

Epidémies.

Il se tient en rapports constants avec les médecins des épidémies de manière à être toujours au courant de l'état sanitaire du département. Il contrôle les déclarations des maladies transmissibles ; dirige les enquêtes sur l'origine et le développement de la contagion ou bien y procède lui-même ; complète et rectifie, au besoin, les mesures prophylactiques prises par les médecins des épidémies et, à défaut, y pourvoit directement ou provoque de la part du Préfet les prescriptions nécessaires.

Hygiène scolaire.

Il visite les écoles publiques ; s'assure que l'inspection médicale en est faite conformément aux règlements en vigueur et, qu'en cas de maladie contagieuse, la désinfection en est opérée.

Désinfection.

Il veille à ce que les postes de désinfection soient convenablement installés et pourvus du matériel et des approvisionnements en désinfectants nécessaires. Il veille également au bon entretien des appareils ; s'assure qu'ils sont utilisés dans les conditions prévues par les certificats d'autorisation et contrôle leur efficacité, chaque fois qu'il le juge à propos, en procédant aux expériences bactériologiques nécessaires.

Il donne son avis sur toutes les questions intéressant le recrutement des agents du service de la désinfection ;

fait l'éducation technique de ces agents, les dirige, les surveille et provoque à leur égard toutes mesures utiles, aussi bien sous le rapport des récompenses qu'au point de vue disciplinaire.

Assemblées sanitaires.

Il fait partie, avec voix consultative, du Conseil départemental d'hygiène et de toutes les commissions sanitaires du département.

Etablissements insalubres.

Il visite les établissements dangereux, insalubres et incommodes, à l'exception des abattoirs, tueries particulières, porcheries et ateliers d'équarrissage qui restent sous la surveillance du vétérinaire départemental; s'assure que les conditions qui leur ont été imposées par les arrêtés préfectoraux d'autorisation sont observées, notamment en ce qui touche l'hygiène et la sécurité des travailleurs et l'évacuation des eaux résiduaires; recherche s'il n'y aurait pas lieu d'en prescrire de nouvelles par suite de changements apportés au mode de fabrication ou pour toute autre cause.

Fraudes.

Il surveille l'application des lois et règlements sur la répression des fraudes dans la vente des marchandises et des falsifications des denrées alimentaires et prélève tous échantillons de ces marchandises ou denrées en vue de leur analyse par le laboratoire régional.

Règlements sanitaires.

Il surveille l'exécution des arrêtés municipaux concernant la santé et l'hygiène publiques. Plus particulièrement, son attention se porte, au cours de ses tournées, sur l'alimentation des communes en eau potable et les précautions à prendre pour empêcher la contamination des sources et des puits, sur l'évacuation des eaux et des matières usées, les logements insalubres et la prophylaxie des maladies transmissibles.

Assainissement d'office des communes.

Il procède aux enquêtes prévues par l'article 9 de la loi du 15 février 1902 dans les communes où la mortalité a dépassé, pendant 3 années consécutives, le chiffre de la mortalité moyenne de la France et en soumet ensuite les résultats au Conseil départemental d'hygiène.

Casier sanitaire des communes.

Il établit, pour chaque commune, un casier sanitaire. Ce casier comprend entre autres documents : un plan de la commune où sont indiqués les emplacements des sources, puits, mares, établissements insalubres, etc. ; un tableau donnant le mouvement des maladies épidémiques ; les renseignements relatifs à la surveillance des eaux d'alimentation, à l'évacuation des matières usées, aux mesures d'assainissement prescrites par l'autorité, aux conditions imposées aux établissements insalubres, dangereux et incommodes, etc., etc.

Education hygiénique.

L'inspecteur doit, par des conférences publiques dont le programme sera approuvé par le Préfet, renseigner les maires et les populations sur les obligations qui leur sont imposées en matière de maladies contagieuses, sur les principales précautions à prendre en pareil cas, sur les principales mesures prescrites par la législation sanitaire en ce qui concerne l'assainissement des habitations et des localités, sur les principales règles de l'hygiène individuelle et collective, etc.

Rapport annuel.

En dehors de ses rapports spéciaux, il rédige au commencement de chaque année un rapport d'ensemble sur la situation sanitaire du Département pendant l'année écoulée et sur le fonctionnement des divers services départementaux confiés à sa surveillance et à sa vigilance. Ce rapport est communiqué au Conseil départemental d'hygiène, publié dans le compte rendu de ses travaux, et soumis au Conseil général dans sa session d'août.

II. — Contrôle de l'Assistance aux vieillards, aux infirmes et aux incurables.

ARTICLE 6.

L'Inspecteur départemental de la santé et de l'Hygiène publiques est chargé du Contrôle sur place du service de l'assistance aux vieillards, aux infirmes et aux incurables privés de ressources.

Il doit à cet effet visiter chaque année, au moins une fois, les hospices compris sur la liste des établissements désignés par le Conseil général pour recevoir les vieillards, les infirmes et les incurables assistés.

Il visite, au cours de ses tournées, le plus grand nombre possible d'assistés à domicile ou de vieillards, infirmes et incurables placés chez les particuliers.

Il rend compte au Préfet, des défectuosités qu'il a constatées dans l'entretien des assistés comme aussi du mésusage qui serait fait de l'allocution mensuelle.

En cas d'urgence il peut, après en avoir référé au Préfet, et avec le consentement de l'assisté, déplacer celui-ci et prendre les mesures nécessaires afin de pourvoir provisoirement à son entretien.

Il prend, au cours de ses tournées, des renseignements sur les ressources ou les moyens d'existence que l'assisté aurait dissimulés, sur la possibilité d'un recours contre toutes personnes ou sociétés tenues de l'assistance, notamment contre les membres de la famille tenus à la dette alimentaire.

Il procède, en outre, à toutes les enquêtes et missions qui peuvent lui être confiés par l'Administration, soit au moment de la réception des dossiers des assistés, soit postérieurement aux admissions à l'assistance.

III. — Contrôle de l'Assistance médicale gratuite.

ARTICLE 7.

L'inspecteur départemental de la santé et de l'hygiène publiques est également chargé du contrôle sur place du service de l'Assistance médicale gratuite.

Il examine les listes d'assistance, se fait rendre

compte par les maires des règles qui président à leur établissement, rectifie les interprétations erronnées qui peuvent être données à la loi et au règlement départemental, vérifie si les personnes qui figurent sur ces listes se trouvent bien dans l'impossibilité de se faire soigner à leurs frais, signale au Préfet les recours qu'il pourrait y avoir lieu d'effectuer soit contre l'assisté lui-même, soit contre toutes personnes ou sociétés tenues de l'assistance, notamment contre les membres de la famille tenus de la dette alimentaire.

Il visite le plus grand nombre possible de malades soignés à domicile, se fait représenter par les pharmaciens les ordonnances qui leur ont été délivrées et s'assure qu'elles ont été soigneusement exécutées.

Il se tient en rapports constants avec les médecins du service, leur rappelle que la thérapeuthique des assistés doit être faite au moyen des médicaments éprouvés par la pratique et qu'ils doivent s'abstenir d'ordonner des remèdes compliqués et des médicaments dispendieux.

Il procède à la vérification des mémoires des médecins, des pharmaciens et des sages-femmes et fait part de ses constatations au Préfet et au Comité départemental de l'assistance médicale dont il est membre de droit.

Il visite les hôpitaux où sont reçus les malades de l'assistance médicale gratuite. Il procède à toutes les enquêtes et missions qui peuvent lui être confiées par l'administration et ayant pour objet le service de l'assistance médicale proprement dit et le service des aliénés indigents.

ARRÊTÉ

Le Préfet de l'Oise, Chevalier de la Légion d'honneur,

Vu :

L'article 19 de la loi du 15 février 1902 ;

La délibération du Conseil général du

ARRÊTE :

ARTICLE PREMIER.

Un concours pour la nomination d'un inspecteur départemental de la santé et de l'hygiène publiques dans l'Oise sera ouvert à Paris, au ministère de l'Intérieur, le

ARTICLE 2.

Les candidats à cet emploi devront être Français ou naturalisés Français, âgés de trente ans au moins et de quarante-cinq ans au plus au 31 décembre prochain et pourvus du diplôme de docteur en médecine. Néanmoins lorsque les circonstances lui paraîtront l'exiger le Préfet pourra accorder une dispense d'âge de deux ans.

Leur demande, rédigée sur timbre (0 fr. 60), devra être adressée au Préfet de l'Oise avant le
et être accompagnée des document suivants :

1° Leur acte de naissance ;

2° Certificat d'aptitude physique délivré par un médecin assermenté ;

3° Extrait du casier judiciaire ;

4° Certificat établissant leur situation au point de vue militaire ;

5° Un exposé de leurs titres, travaux, services ;

6° Leurs principales publications ;

7° L'engagement, pour le cas où ils seraient nommés, de renoncer à faire de la clientèle, de se consacrer exclusivement à leur fonction, de ne prétendre, par conséquent, à aucune autre fonction ou mandat public.

ARTICLE 3.

Chaque candidat sera avisé par le Préfet, quinze jours au moins avant la date du concours, s'il est admis à y prendre part.

ARTICLE 4.

Le concours comprendra :

1° Une épreuve sur titres ;

2° Une épreuve écrite administrative ;

3° Une épreuve écrite scientifique ;

4° Des épreuves orales.

I. — *Epreuve sur titres.*

(Le maximum des points sera de 20. Les points devront être donnés avant la correction des épreuves suivantes.)

II. — *Epreuve écrite administrative.*

Cette épreuve portera sur une question administrative tirée de la législation de l'hygiène en France.

(Deux heures seront accordées pour cette épreuve ; le maximum des points sera de 20.)

III. — *Epreuve écrite scientifique*

Cette épreuve comprendra deux questions : l'une sur un sujet visant la prophylaxie générale ou la prophylaxie spéciale des maladies transmissibles ; l'autre sur un sujet d'hygiène générale avec application de la physique ou de la chimie à l'hygiène.

(Trois heures seront accordées pour cette épreuve. Le maximum des points sera de 30.)

Nota. — Pour la rédaction de ces épreuves écrites, les candidats n'auront à leur disposition ni livre, ni note. Les copies devront porter une devise, laquelle sera reproduite avec le nom du candidat et mise par celui-ci sous enveloppe.

IV. — *Épreuves orales*

1° Une leçon orale sur une question d'hygiène tirée au sort par le candidat parmi un certain nombre de questions préparées par le jury.

Cette leçon devra être faite en vue de l'auditoire spécial (cultivateurs, ouvriers mutualistes, etc.) auprès duquel l'inspecteur départemental poursuivra spécialement la vulgarisation de l'hygiène.

(La leçon devra durer environ trois quarts d'heure. Les candidats auront deux heures pour la préparer ; ils n'auront aucun livre ni note à leur disposition. Le maximum des points sera de 30) ;

2° Deux interrogations ; l'une sur les méthodes et instruments et sur la pratique technique de la désinfection ; l'autre, sur la pratique administrative de la désinfection.

(Chaque interrogation sera de courte durée et comportera un maximum de points de 10.)

Article 5.

Le Jury du concours sera ainsi composé :

1° Le Préfet de l'Oise, président ;

2° Un inspecteur général des services administratifs

du Ministère de l'intérieur, désigné par le Ministre, vice-président ;

3° Deux membres désignées par le Conseil général ;

4° Trois membres ou auditeurs du Conseil supérieur d'hygiène publique de France désignés par le Ministre ;

5° Un sous-directeur du Ministère de l'Intérieur (Direction de l'Assistance et de l'hygiène publiques) désigné par le Ministre.

ARTICLE 6.

La police générale du concours sera confiée au jury qui déterminera notamment les règles à observer pour la remise et la correction des copies, fixera le choix des questions et prendra toutes dispositions utiles pour assurer la régularité et la sincérité du concours.

Beauvais, le

RAPPORT

présenté par M. le Sénateur EMILE DUPONT

au nom de la cinquième Commission

Messieurs,

Au cours de notre séance du 29 septembre 1909, à la suite de la lecture de mon Rapport concernant les crédits de l'Assistance médicale gratuite pour l'exercice 1910, une intéressante discussion s'était instituée, vous vous en souvenez, dont le Président du Conseil général lui-même avait été le promoteur et qui, tout entière, eut pour objectif la recherche des moyens les plus propres à assurer un contrôle véritablement efficace du fonctionnement et des dépenses de nos grands services d'hygiène et d'assistance dans le Département.

La conclusion en fut, une fois de plus, que la nécessité d'un agent spécial, pour ce vaste contrôle, s'imposait ici comme elle s'est imposée dans beaucoup d'autres régions.

Soulignant cette nécessité, M. Raux, notre distingué Préfet, alors tout nouvellement arrivé dans l'Oise, déclarait : « Nous pourrions avoir un contrôleur qui « serait chargé non seulement de vérifier les listes d'as« sistance, les mémoires qui nous reviennent des phar« macies, mais encore l'état de la santé publique, nos « postes de désinfection. Ce fonctionnaire aurait, dans « ses attributions, tout ce qui concerne les services « d'assistance et d'hygiène et rendrait, je crois, au « Département des services signalés... »

Ce fut, en fin de compte, sur de telles données que, le débat étant épuisé, M. le Préfet fut, d'accord avec votre Rapporteur, d'accord avec l'unanimité de l'Assemblée, prié de bien vouloir préparer un projet qu'il pût nous soumettre lors de notre session suivante.

Et, en effet, en mai dernier, le Rapport préfectoral sur les travaux de la session contenait un très attachant projet de « CRÉATION D'UNE INSPECTION DÉPARTEMENTALE DE LA SANTÉ ET DE L'HYGIÈNE PUBLIQUES ET D'UN CONTRÔLE DE L'ASSISTANCE AUX VIELLARDS, AUX INFIRMES ET AUX INCURABLES PRIVÉS DE RESSOURCES, ET DE L'ASSISTANCE MÉDICALE GRATUITE, » tel est, littéralement, le titre sous lequel se présentait à nous le remarquable travail de M. le Préfet, et ce titre indiquait suffisamment l'ampleur, l'intérêt, la gravité aussi des propositions qui nous étaient soumises, formant un ensemble aussi complet que possible.

Dès lors, votre cinquième Commission, estimant que le service dont M. le Préfet vous proposait la création était à ce point considérable qu'il eût été prématuré et même peu correct de sa part, de vous demander de discuter immédiatement, au fond, des dispositions qu'elle avait le devoir d'examiner elle-même en détail avant de vous appeler à prendre des résolutions définitives, — votre cinquième Commission, par l'organe de son Président, vous pria d'ajourner l'affaire à la Session de septembre, afin de lui permettre de vous présenter (disait son rapport préliminaire) « des propositions susceptibles d'être utilement discutées en « séance et capables de suggérer les solutions les meil- « leures. »

Il fut donc décidé : que la Commission déposerait son rapport définitif dès le premier jour de la session qui va s'ouvrir ; que M. le Préfet le ferait autographier en même temps que le sien (dans l'espèce, le propre texte de son projet) ; que je serais le rapporteur de la Commission ; qu'en cette qualité j'aurais, entre temps, à m'entretenir de la question avec M. le Préfet, à en examiner avec lui les aspects divers, enfin à vous apporter le résultat de cet échange de vues et la teneur de mes observations.

C'est de cette dernière tâche que je vais m'efforcer de m'acquitter ; pour atteindre ce but, il semble que la procédure la plus simple et la plus rationnelle à la fois soit, sinon de reprendre article par article, du moins de suivre dans son économie même le projet de règlement élaboré par M. le Préfet.

*
* *

Messieurs, comme vous pouvez le voir d'autre part, M. le Préfet, après avoir posé les bases sur lesquelles il prévoit et propose la création du service qui nous occupe (nous y reviendrons tout à l'heure et vous saisirez pour quelle raison nous avons adopté cet ordre), M. le Préfet vous présente le mécanisme même de la fonction qu'est appelé à remplir le nouvel organe.

Par ces trois titres de son règlement :

I. — INSPECTION DÉPARTEMENTALE D'HYGIÈNE,

II. — CONTRÔLE DE L'ASSISTANCE AUX VIEILLARDS, AUX INFIRMES ET AUX INCURABLES,

III. — CONTRÔLE DE L'ASSISTANCE MÉDICALE GRATUITE,

M. le Préfet nous indique, tout de suite, comment il conçoit l'institution dans le département de l'Oise d'un « Service d'inspection et de contrôle pour la protection « de l'hygiène et de la santé publiques, conformément « à l'art. 19 de la loi du 15 février 1902 ».

Et il précise, en stipulant que « ce service est confié, « sous l'autorité du Préfet, à un médecin qui prend « le titre d'*Inspecteur départemental de la santé et « de l'hygiène publiques* ».

Ainsi s'exprime l'art. 1er et, dès cet article, notre attention se trouve arrêtée.

A ne considérer, en effet, que la densité relative de la population dans l'Oise et surtout l'abondance des agglomérations habitées, nos 701 communes avec leurs multiples hameaux, écarts, lieudits et dépendances, on a tout d'abord, je dois le constater, l'impression que le nouveau service embrasse ainsi une somme de besognes que l'emploi unique prévu par M. le Préfet n'y pourra jamais suffire.

Cette première impression a été la nôtre, à la cinquième Commission ; elle a été aussi, je le crois bien, celle du Ministère de l'Intérieur qui, au cours de ses échanges de vues avec l'Administration préfectorale, ne cacha pas tout d'abord ses préférences pour l'établissement d'un double service et, par conséquent, de deux postes distincts : l'un ayant pour tâche l'inspection de l'hygiène et de la santé publiques, l'autre ayant celle du contrôle des deux assistances.

Mais M. le Préfet s'en est tenu à ses propositions ; il a trouvé, pour les défendre, des arguments à ce point convaincants que nous nous sommes ralliés à sa manière de voir, lui-même ayant, de son côté, accepté d'introduire dans son règlement quelques modifications et additions sur lesquelles nous reviendrons plus loin, précisément en vous exposant à notre tour les conditions dans lesquelles fonctionnera le nouveau service.

Tenons-nous en donc, pour l'instant, aux attributions du titulaire, telles que les suggère M. le Préfet dans les trois titres de son travail :

I. — INSPECTION DÉPARTEMENTALE D'HYGIÈNE.

D'une manière générale, en ce qui touche ce côté « hygiène et santé publiques », les attributions de celui-ci consistent « à surveiller et à contrôler *sur* « *place* le fonctionnement des services sanitaires dépar- « tementaux et communaux, à s'assurer que toutes les « prescriptions légales et réglementaires sont exécu- « tées et à faire au Préfet toutes propositions utiles « pour améliorer l'organisation et le fonctionnement « de ces services. »

En particulier, sa surveillance doit s'exercer sur la *vaccination* et la *revaccination*, dont il est du plus sérieux intérêt que la pratique ne souffre d'aucune négligence.

Mais c'est surtout en matière d'*épidémies* que son

action devra être continue et efficace. « Il devra — dit le Préfet — se tenir « en rapports constants avec les « médecins des épidémies, de manière à être toujours « au courant de l'état sanitaire du département ». Contrôle des déclarations des maladies transmissibles, direction et même initiative des enquêtes relatives à la contagion, prescription des mesures prophylactiques nécessaires et, pour le moins, contrôle de celles que les médecins ordinaires des épidémies ont prises, — tout cela lui incombe et c'est son lot.

Soulignons, Messieurs, avant de poursuivre, le large intérêt qui s'attache à cet aspect de la question. Il n'est pas excessif d'avancer que, malgré tout le bon vouloir de ceux de nos médecins qui s'efforcent de l'assurer dans chaque canton, le service des épidémies est, en fait, inexistant, si on envisage la forme persistante, le caractère méthodique qu'il devra revêtir pour être effectif. Il n'en coûte pas moins 5,000 francs par an au département. Or, à cause même des obligations qui lui sont imposées, notre inspecteur s'identifiera nécessairement aux diverses parties puis à l'ensemble de ce service : on peut prévoir que, dans un avenir prochain, se l'étant complètement assimilé, il suffira à l'assurer et que, dès lors, il nous sera loisible de lui en laisser assumer seul la charge. D'où, par surcroît, la réalisation d'une économie intégrale ou partielle.

L'*hygiène scolaire* est encore le fait de notre fonctionnaire qui, dès lors, aura droit, à ce point de vue, de visite et d'enquête dans les écoles publiques.

La *désinfection*, non plus, ne sera la moindre de ses préoccupations. Ici encore, il faut avoir la franchise de le dire : le contrôle efficace de ce service complexe et délicat est, à l'heure actuelle, médiocrement existant. L'inspecteur devra veiller aux diverses opérations de la désinfection elle-même, à l'entretien du matériel, à l'approvisionnement des produits, au fonctionnement des appareils, à l'exécution des expériences bactériologiques (en y procédant en personne au besoin), et, pareillement, il aura à connaître de tout ce qui concerne les agents spéciaux du service.

Il fera partie du *Conseil départemental d'hygiène* et de toutes les *commissions sanitaires* du département, pour y donner son avis et s'efforcer d'y faire prévaloir les solutions qu'il croira les meilleures.

Les *établissements dangereux, insalubres et incommodes* (sauf les abattoirs et installations analogues, qui continuent de ressortir au service du vétérinaire départemental) recevront sa visite aussi souvent que cela sera jugé utile ; il s'assurera si les prescriptions préfectorales sont observées, recherchera s'il ne convient pas d'en provoquer d'autres, ouvrira les enquêtes qui lui paraîtraient nécessaires.

Sa surveillance s'étendra également à l'application de la loi sur les *fraudes alimentaires* et il aura, lui aussi, qualité pour faire des prélèvements à fins d'analyse.

Autre point. Nous savons tous, Messieurs, combien, d'une façon générale, il est malaisé à la campagne de prendre des mesures précises concernant la santé et l'hygiène publiques, combien plus malaisé encore il est, le plus souvent, de faire exécuter avec fruit les arrêtés municipaux qui les édictent. L'inspecteur y tiendra la main avec tact et fermeté. C'est surtout à la question toujours si grave et toujours actuelle de l'eau potable que devra aller sa sollicitude, et son attention soutenue, au cours de ses tournées, se portera sur les causes si fréquemment négligées, parce qu'elles sont journalières (et pourtant évitables), de la contamination des puits et des sources ; il s'enquerra des logements insalubres, de la prophylaxie des maladies transmissibles, etc., etc.

En un mot, il tâchera de tout son effort à ce que les *règlements sanitaires* ne restent pas ce qu'ils sont très souvent dans la pratique : lettre morte.

Ce n'est pas tout encore. L'inspecteur procédera aux enquêtes que prévoit la loi de 1902 dans les communes où la mortalité dépasse la mortalité moyenne de la France ; après quoi, non seulement il soumettra au Conseil départemental d'hygiène le résultat de ses investigations et pourra proposer *l'assainissement d'office des communes*, mais encore il sera en état d'établir sur la mortalité en général des statistiques qui, à l'encontre de tant d'autres, n'amènent pas le sourire sur les lèvres de ceux-là mêmes qui ont tenté de les dresser. Comment admettre, en effet, que les médecins de nos campagnes, absorbés comme ils le sont par les soins multiples et quotidiens de leur profession, avec leurs clientèles variables et qui, la plupart du temps, se pénètrent l'une l'autre, aient le loisir et même le moyen pratique de dresser autre chose que des évaluations approximatives ? D'autant qu'ils le font à titre tout à fait bénévole, ne recevant pour cela aucune espèce d'honoraires, et que le seul amour de la science ne saurait pourtant aller chez eux jusqu'à l'oubli complet de leurs intérêts immédiats.

Comme complément logique de ce travail, l'inspecteur en devra accomplir un autre qui consistera à établir ce *casier sanitaire des communes* dont le besoin s'impose depuis longtemps à tous les esprits. N'y a-t'il pas, en effet, un intérêt primordial pour la santé publique et, par conséquent, une nécessité absolue pour ceux qui en ont la garde à ce que chaque agglomération d'individus, tout comme l'individu lui-même, ait son *curriculum*, son casier, son livret, précisons : sa fiche. Oui chaque localité doit avoir sa *fiche* où sont consignés sa situation physique, le plan de ses sources, mares, puits, etc., l'état moyen de sa santé, le mouvement de sa population, ses antécédents sanitaires, sa manière d'être hygiénique, son genre de vie extérieure, etc., etc., en un mot tous les renseignements susceptibles de suggérer, aussitôt qu'il y a lieu, aux pouvoirs publics et aux hommes de science les moyens les plus propres à enrayer les maladies et même à les prévenir. Puisqu'il semble devenu chimérique, en France, de voir se relever le chiffre des naissances, du moins cherchons sans relâche à diminuer la dépopulation en nous efforçant de toutes parts à améliorer chez nous les conditions et la durée de la vie humaine.

La démonstration parlée étant aussi des moyens de tendre à ce résultat si désirable, l'inspecteur, à l'exemple du professeur départemental d'agriculture, de l'inspecteur vétérinaire, devra contribuer à *l'éducation hygiénique* des municipalités et des populations en faisant de temps à autre des conférences publiques appropriées aux différents milieux et suivant un programme approuvé par le Préfet.

Enfin, en dehors de ses rapports spéciaux, il devra publier annuellement un *Rapport d'ensemble* sur la situation sanitaire du département et sur le fonctionnement des diverses parties de son service ; ce travail sera, naturellement, communiqué au Conseil d'hygiène et, comme d'usage, soumis au Conseil général de l'Oise.

Telles sont, exposées et commentées aussi brièvement que je l'ai pu, les dispositions du projet de règlement de M. le Préfet touchant « *l'inspection départementale d'hygiène* » proprement dite.

II. — Contrôle de l'Assistance aux Vieillards, aux Infirmes et aux Incurables.

Vous vous rendez compte, Messieurs, par la lecture de ce Titre II, d'ailleurs présenté sous la forme la plus concrète, de ce que M. le Préfet attend et pense que nous devons attendre de notre inspecteur départemental en ce qui concerne le contrôle de l'assistance aux vieillards, aux infirmes et aux incurables.

Il n'est pas douteux, en effet, que, en dépit ou peut-être à cause de son application récente, cette législation spéciale et tutélaire a besoin, dans l'usage qu'il en est fait, d'un contrôle régulier, sérieux et indépendant. Il y a donc un gros intérêt, et pour les finances du département et pour celles des communes et enfin pour la juste interprétation des volontés du législateur, à ce qu'un contrôleur existe, dont l'action puisse s'exercer de tous côtés, sur place et en toute liberté.

Visiter les hospices désignés pour la réception des vieillards, infirmes et incurables assistés; quand ces derniers sont placés chez des particuliers, visiter pendant ses tournées le plus grand nombre possible de ces déshérités ; ne pas hésiter, s'ils sont mal soignés, à demander au Préfet leur déplacement d'office ; rechercher s'il n'est pas fait mésusage de l'allocation mensuelle par les personnes qui ont charge de l'entretien de l'assisté ; enquêter sur les ressources dissimulées par l'assisté ou les siens, ce qui arrive, et, sur ce qui arrive malheureusement avec bien plus de fréquence encore, le refus de paiement de la pension alimentaire des vieux parents par des enfants qui jouissent d'une aisance quelquefois large ; telles sont les grandes lignes du programme dont l'exécution incombera à notre inspecteur dans ces occurrences diverses. Il faut reconnaître, en effet, que la collaboration des municipalités, des maires, avec l'administration préfectorale et avec l'assemblée départementale est à cet égard généralement illusoire ; ou ils sont mal renseignés, parce qu'ils le sont avec passion, qu'ils le sont exactement, et, dans les deux cas, ils demeurent à l'ordinaire beaucoup trop gênés par mille et une considérations locales pour prendre ou réclamer les résolutions qui importeraient.

Je n'insiste pas : il est des abus auxquels il faut mettre un terme. Les communes et les administrations communales seront les premières à s'en féliciter.

III. — Contrôle de l'Assistance Médicale gratuite.

Naturellement et par voie parallèle dans le même ordre d'idées et de faits, le contrôle sur place de cet autre très grand service qu'est notre assistance médicale gratuite complète la somme des attributions que le règlement de M. le Préfet confie à notre inspecteur.

S'il est scandaleux de voir des gens relativement aisés donner le plus déplorable exemple du relâchement des liens de la famille française par la désinvolture avec laquelle ils mettent à la charge de la collectivité les vieux parents dont ils ont le devoir élémentaire d'assurer les derniers jours, il n'est pas moins attristant de rencontrer de faux indigents qui s'en vont exploitant avec cynisme les plus belles lois sociales de la France républicaine, alors que trop de pauvres honteux, ignorés et trop jaloux peut-être de demeurer inaperçus, continuent de souffrir en silence.

L'Assistance municipale, qui échappe à notre examen, est déjà assez souvent mise à mal par des aigrefins de bas étage qui, vivant largement sans faire œuvre de leurs doigts, mettent en coupe réglée certains bureaux de bienfaisance ; il est inadmissible qu'il en puisse aller de même à l'égard du vaste service d'assistance dont la charge nous incombe et pour le fonctionnement duquel nous dépensons des sommes fort importantes sans hésitation ni regret, mais à la condition que, comme y insistait justement, il y a un an, le Président du Conseil général, cet « argent soit bien utilisé », c'est-à-dire aille normalement à sa destination prévue. Il est urgent qu'on ne puisse plus signaler — ainsi que le faisaient et M. le Préfet et tel de nos collègues à qui l'on aurait pu apporter d'autres exemples — « des individus inscrits sur la liste des indigents dans leur commune et qui sont pourvus d'un permis de chasse », ou tels enfants qui (nous y faisions allusion déjà tout à l'heure) sont propriétaires terriens, se déplacent en voiture pour la surveillance de leurs biens, mais profitent de notre libéralisme insuffisamment prémuni pour faire inscrire leurs parents à l'assistance publique et n'avoir ainsi rien à payer.

En toute indépendance, libre de toute attache locale, de toute entrave politique, notre inspecteur pourvoira, sur les lieux mêmes, aux enquêtes, à toutes les enquêtes qui s'imposeront à sa conscience et à son clairvoyant examen. Les sanctions suivront.

Et cet examen ne portera pas seulement sur la généralité des malades assistés et soignés à domicile : il s'étendra aussi à la catégorie spéciale des aliénés indigents, afin d'éviter dans l'avenir que, comme cela s'est déjà vu, certaines familles vraiment un peu trop pressées, pour éviter des frais auxquels elles pourraient parfaitement subvenir, fassent interner des individus non réellement dangereux dont elles ont hâte de se débarrasser, mais sans bourse délier.

Enfin, la double question toujours controversée, toujours irritante, toujours fertile en froissements et en malentendus auxquels il faudrait pourtant bien tâcher de mettre fin, celle des frais pharmaceutiques et des honoraires de médecins ou sages-femmes, ne restera pas en dehors des soins de notre inspecteur : bien au contraire, et à raison même de la compétence que nous attendons de ce fonctionnaire, c'est lui qui doit procéder à la vérification des mémoires ; après quoi, il confiera ses constatations au Préfet, ainsi qu'au Conseil départemental de l'assistance médicale, dont il sera, comme de juste, institué membre de droit. Et les choses se passeront de même, tout naturellement en ce qui touche au contrôle des frais d'hospitalisation, lesquels ont donné lieu, en ces dernières années, aux abus dont nos rapports se sont constamment fait l'écho.

Considérations Générales.

Telles sont, Messieurs, les trois grandes divisions du Service que l'*Inspecteur départemental de la santé et de l'hygiène publiques* devra assurer dans l'Oise.

Je vous le disais au début de ces observations, il semble à première vue qu'il s'agisse là d'un travail sinon gigantesque, du moins à ce point complexe et étendu que l'activité d'un homme seul n'y puisse suffire.

Tel n'a pas été l'avis de M. le Préfet.

Créer un inspecteur pour l'hygiène et la santé, un contrôleur pour la double assistance, soit deux emplois, M. le Préfet s'y refuse : afin de ménager les finances départementales d'abord, afin de ménager aussi le bon vouloir des administrations communales et des populations, auprès desquelles il convient de ne pas multiplier les visites de certains fonctionnaires et, par conséquent, le nombre de ces fonctionnaires, surtout quand leur mission doit avoir le caractère souvent délicat de celle qui nous occupe en ce moment.

Mais il est un autre argument dont la valeur est incontestable.

Il ne s'agit point ici, en réalité, de créer un nouveau service, il s'agit — je crois bien me faire comprendre en précisant ainsi ma pensée — *de créer une fonction* (devenue nécessaire) dans *un service qui existe déjà*. Et, en effet, le service ADMINISTRATIF de l'hygiène et de la santé publiques, celui de l'Assistance aux vieillards, celui de l'Assistance médicale, fonctionnent, et fort bien, à la Préfecture : cela fait partie des attributions de toute une division, la deuxième, qui y consacre le travail de deux de ses bureaux.

Notre inspecteur sera donc *l'agent actif*, le représentant extérieur de ces services : rien autre. Il ne sera point un chef de service autonome, mais bien au contraire il sera, pour toutes les parties de son service, à la complète disposition du Préfet, qui demeure en toutes circonstances son chef, responsable vis-à-vis de nous de la façon dont le nouvel emploi sera exercé.

Notons aussi, avec M. le Préfet, que l'inspecteur, au cours de ses tournées, pourra le plus généralement mener de front les trois parties de son travail et même qu'il lui appartiendra, aussi bien pour ménager ses pas et ses peines que ses frais de déplacement, de disposer en conséquence ses itinéraires et son ordre de labeur.

Au surplus, il aura son bureau à la Préfecture. Donc, il sera en rapports constants avec la division à laquelle le rattachent étroitement ses attributions. Comme il n'est pas douteux que ses missions multiples entraîneront avec elles une somme assez grande et inévitable de travail matériel, la division pourra en assurer au moins partiellement la préparation avec son personnel actuel.

Mais cela ne nous a pas paru suffisant : nous avons obtenu de M. le Préfet qu'un employé spécial et suffisamment appointé serait exclusivement détaché auprès de l'Inspecteur pour faire ce qu'on est convenu d'appeler « ses écritures », la besogne officielle « d'intervention » pouvant être, en effet, préalablement assurée par les bureaux compétents de la division.

Il importera en tout cas d'établir un départ bien net des besognes à accomplir, de manière à éviter tout tiraillement, à n'embarrasser l'inspecteur d'aucun impedimentum, d'aucune paperasserie susceptibles de gêner l'activité vraiment intensive dont il aura besoin de faire preuve en toute circonstance.

Nous nous en rapportons à M. le Préfet de ce soin — et, sur ces données générales, il convient d'attendre les résultats que nous fournira l'expérience d'une première année de fonctionnement, la porte restant dès maintenant ouverte aux modifications ou additions que la pratique seule suggèrera utilement.

On verra alors si le besoin de donner au titulaire un adjoint se fait, ou non, sentir. Et, comme, à ce moment, on pourra déjà se rendre compte de la possibilité de supprimer l'actuel service spécial des épidémies, il y aurait là, dans l'affirmative, une disponibilité toute trouvée de 5,000 francs pour assurer, sans aucune dépense nouvelle, la situation de l'adjoint jugé nécessaire.

*
* *

Quoi qu'il en soit, en dehors de toutes les hypothèses qu'il est permis d'envisager pour l'avenir, la mission dont nous entendons, dès actuellement, charger notre « Inspecteur départemental de la santé et de l'hygiène publiques » se présente assez importante et chargée pour qu'il apparaisse comme indispensable d'assurer au titulaire une situation qui soit en rapport avec les services que le département attend de lui.

Vous avez vu, d'autre part, que M. le Préfet propose de fixer à 7,000 francs le traitement annuel de début de l'Inspecteur, en y ajoutant 2,000 francs, chiffre qui n'a rien d'excessif, pour ses frais de tournées : soit un total de 9,000 francs.

Dans un esprit de simplification que nous approuvons entièrement, M. le Préfet impute cette somme sur deux seulement des services intéressés, soit pour 4,000 francs sur le chapitre de l'assistance aux vieillards et pour les 5,000 autres francs sur celui de la santé publique.

Les subventions à provenir de l'Etat et des communes étant de :

Pour l'assistance aux vieillards (Etat)...	2.600f
Pour la santé publique (Etat)...........	520
Pour la santé publique (Communes).....	2.400
soit un total de..........	5.520f

il ne restera à la charge du département qu'une dépense de 3,480 francs dont, certainement, la minime importance ne saurait nous arrêter un instant, surtout si nous mettons en balance, même à l'état de prévision, les bons effets de toute nature que nous espérons de l'institution nouvelle.

L'avancement prévu est purement pécuniaire (l'emploi ne comportant pas de classes) : il se traduit par une augmentation de 500 francs, possible, au choix tous les trois ans ou à l'ancienneté tous les cinq ans. Ces dispositions nous paraissent équitables et justes et nous devons souhaiter, pour le département lui-même, que notre futur inspecteur atteigne, toujours par le choix, le maximum qui est fixé actuellement à 9,000 francs pour son traitement.

Les frais de déplacement sont remboursés sur états justificatifs. Les frais de bureau sont à la charge du département.

Il est intéressant de noter que l'inspecteur participera aux avantages et aux charges de la Caisse départementale de retraites, et aussi qu'il ne pourra en aucun cas être maintenu après l'âge de 65 ans dans ses fonctions, ce qui est sagement proposé, étant donnée l'activité physique soutenue qu'elles exigeront du fonctionnaire.

Il va de soi que celui-ci ne sera — et d'ailleurs ne pourrait être — qu'un docteur en médecine ; il tombe également sous le sens qu'en raison même de l'étendue et du poids de son service, il ne saurait songer à autre chose qu'à s'y consacrer tout entier : il devra donc prendre l'engagement écrit de ne pas faire de clientèle et, en outre, de n'exercer aucun mandat public.

Toutefois, de telles conditions pourraient sembler à première vue draconiennes ; pourtant, elles sont indispensables, si nous voulons que l'organisme nouveau réponde à nos espérances. Mais elles impliquent aussi, pour le département, l'obligation morale et la nécessité positive de faire au praticien ainsi voué à son service exclusif une situation sortable. Vous estimerez sans doute avec nous que les chiffres proposés par M. le Préfet répondent à cette préoccupation. D'ailleurs, ce sont là les chiffres actuels, mais toujours extensibles, si vous en jugiez ainsi par la suite. Et puis, si nous nous trouvons en présence d'un sujet d'élite, il reste loisible de reconnaître ses mérites par des gratifications plus ou moins élevées. Enfin, il est une considération qui ne laissera certainement pas insensible le futur inspecteur, c'est son immédiate participation aux très appréciables avantages de la Caisse départementale de retraites.

Au surplus, il n'apparaît pas que les candidats doivent faire défaut, M. le Préfet, au cours d'un récent entretien, nous en donnait, pour sa part, la formelle assurance : il avait déjà reçu la visite de plusieurs médecins et professeurs qui, de différents points de la France, avaient fait tout exprès le voyage de Beauvais pour prendre connaissance des conditions du concours projeté, encore que forcément celui-ci n'ait été jusqu'ici porté aux oreilles de l'ensemble des intéressés par aucune espèce de publicité.

C'est, en effet, — cette stipulation du règlement s'impose d'elle-même — par voie de concours que se fera « la nomination d'un inspecteur départemental de la « santé et de l'hygiène publiques dans l'Oise ».

Et, à ce propos, je ne pense pas devoir omettre, Messieurs, de vous faire connaître l'échange de vues qui s'est produit entre M. le Préfet et nous au sujet des conditions d'âge que l'on vous demande d'adopter. Primitivement, le règlement préfectoral portait que « les « candidats à l'emploi devront être Français ou natu- « ralisés Français, *âgés de 30 ans au moins et de « 45 ans au plus au 31 décembre prochain*, et pour- « vus du diplôme de docteur en médecine. »

Un instant nous avons pensé que la limite d'âge supérieure pourrait être poussée jusqu'à 48 et même 50 ans, un homme dans la force de l'âge devant, en principe, au point de vue de l'expérience acquise ainsi que de la connaissance des êtres et des choses, offrir plus de garanties que quiconque. Mais, d'autre part, il faut rester pénétrés de cette vérité et s'en faire une règle stricte, que le *nouvel emploi sera le contraire d'un poste de tout repos physique*. Or, un quinquagénaire valide, entraîné de longue date à tel travail intellectuel et corporel, est encore, de pleine évidence, dans d'excellentes conditions pour l'accomplir avec tout l'entrain désirable ; mais le même homme se trouvera, au contraire, dans des conditions médiocres si, à la cinquantaine, il lui faut aborder de toutes pièces une besogne absolument nouvelle, exclusive, absorbante et incontestablement fatigante, ce qui est bien le cas de celle qui s'imposera, surtout au début, à notre inspecteur départemental.

En outre, il ne convient peut-être pas de perdre de vue que, ce fonctionnaire devant bénéficier des avantages de la retraite, ne pouvant d'autre part être maintenu à son poste après 65 ans (maximum auquel on s'astreint rarement), étant libre par conséquent de s'en aller plus tôt, nous devons lui accorder le laps de temps qui, matériellement, lui permette d'atteindre à sa retraite ; et, d'un autre côté, nous devons aussi, dans la mesure où nous le pouvons, assurer au Département au moins le bénéfice du minimum d'années de service qu'il est en droit d'exiger de son futur retraité.

Nous nous en sommes donc tenus à l'âge de 45 ans comme dernière limite. Pour la limite inférieure, également après échange de vues, nous avons, d'un commun accord estimé qu'elle pourrait être abaissée, *exceptionnellement*, à 28 ans. Il serait fâcheux, en effet, que pour une question de quelques mois en moins le département risquât de se priver des chances de s'attacher un sujet de premier ordre. Entre 26 et 30 ans, nombreux sont les jeunes médecins qui, si je puis dire, cherchent leur voie, songent à asseoir leur situation, à fixer leur résidence définitive ; il en est peut-être de cette intéressante catégorie parmi les postulants éventuels dont M. le Préfet a reçu la visite. Devons-nous décourager leurs intentions ?. . . . Sans doute, à 28 ans, il n'est pas facile de rencontrer un médecin déjà en possession d'une grande expérience personnelle et surtout d'une expérience spéciale à l'exercice des fonctions dont nous voulons l'investir ; à 30 ans, pas davantage. Mais la trentaine et ses environs, au-delà et de même en-deçà, nous certifient des garanties de vigueur et d'énergie auxquelles nous devons faire accueil.

Il convient donc, à notre sens, de nous rallier au texte de M. le Préfet, — sans perdre de vue, du reste, que c'est surtout en la matière qu'il sera exact de répéter : tant vaut l'homme, tant vaut la fonction...

Au programme du concours même, que vous avez sous les yeux, nous n'avons rien trouvé à reprendre. Ce concours, qui sera ouvert à Paris, au Ministère de l'Intérieur, se revêt de conditions générales sinon rigoureuses, du moins sévères : c'est évidemment là, par avance, le gage des qualités qui seront réunies par le vainqueur des épreuves. L'éminente composition du jury, au double point de vue administratif et technique, nous offre également les garanties les plus précieuses : M. le Préfet en sera le Président, il comprendra huit membres dont vous connaissez les titres et vous aurez à désigner deux de nos collègues du Conseil général pour en faire partie.

CONCLUSIONS

Messieurs,

Votre cinquième Commission ni son rapporteur ne croient avoir d'autres observations à formuler : il ne s'agit plus — c'est notre conclusion — que de créer dans l'Oise l'organisme qui fonctionne déjà dans d'autres départements et y rend d'incontestables services.

Sous le bénéfice de celles que je viens d'avoir l'honneur de vous présenter et qui, vous avez pu vous en rendre compte, sont plutôt des explications destinées à corroborer dans leur ensemble les judicieuses propositions de M. le Préfet, lesquelles interprêtent, avec tant de clairvoyante exactitude, la totalité de nos desiderata, nous vous demandons :

1° De décider qu'une Inspection départementale de la santé et de l'hygiène publiques est créée dans l'Oise;

2° De dire que le service commencera à fonctionner le 1er janvier 1911 ;

3° De voter les crédits nécessaires, en conformité des indications fournies par le projet de règlement qui vous a été soumis ;

4° De prier M. le Préfet de faire toutes diligences pour que le concours puisse avoir lieu aussi prochainement que possible ;

5° De désigner immédiatement les membres du Conseil général qui devront faire partie du jury ;

6° De donner pleins pouvoirs à M. le Préfet pour tous les autres détails d'organisation du nouveau service.

123

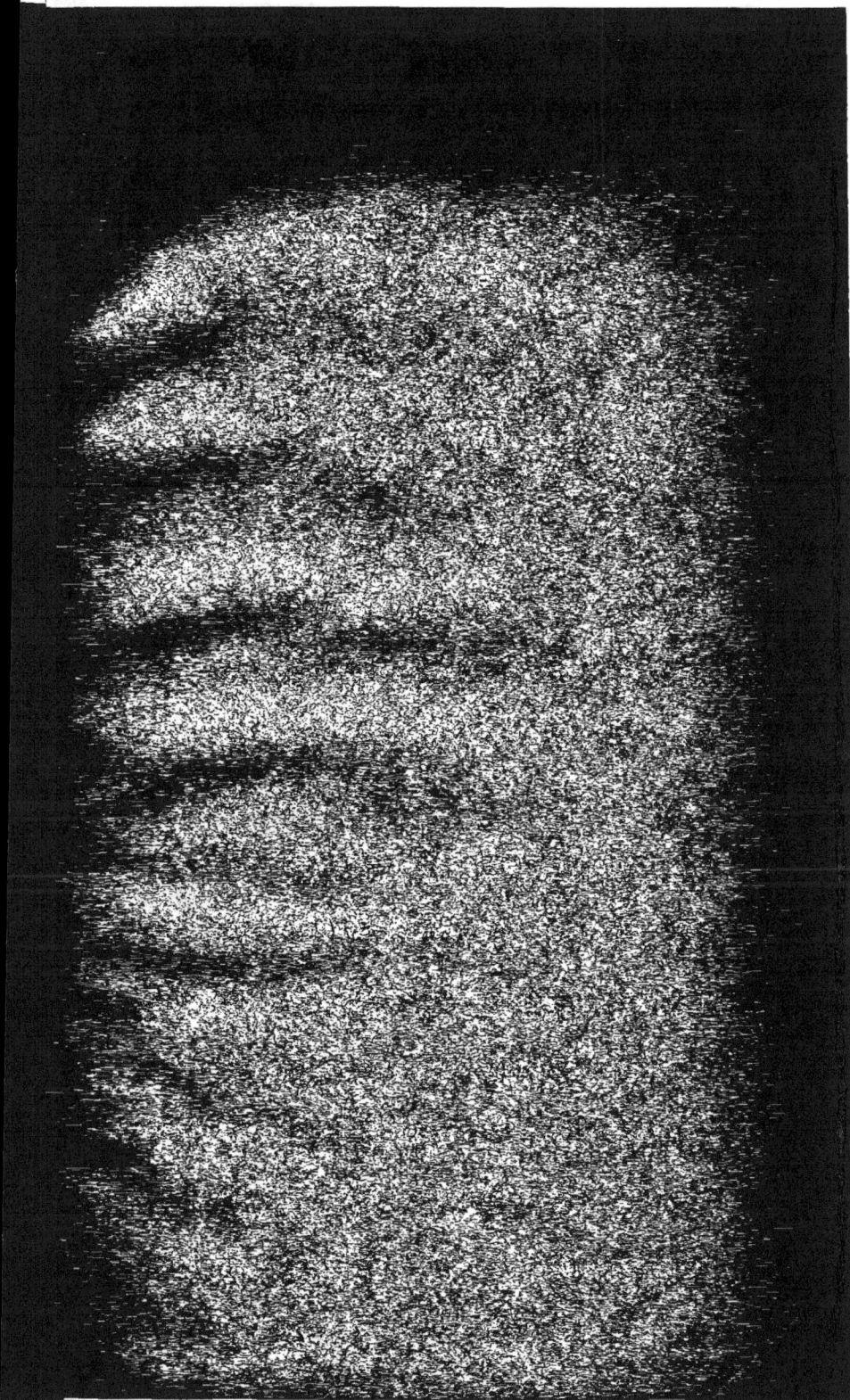

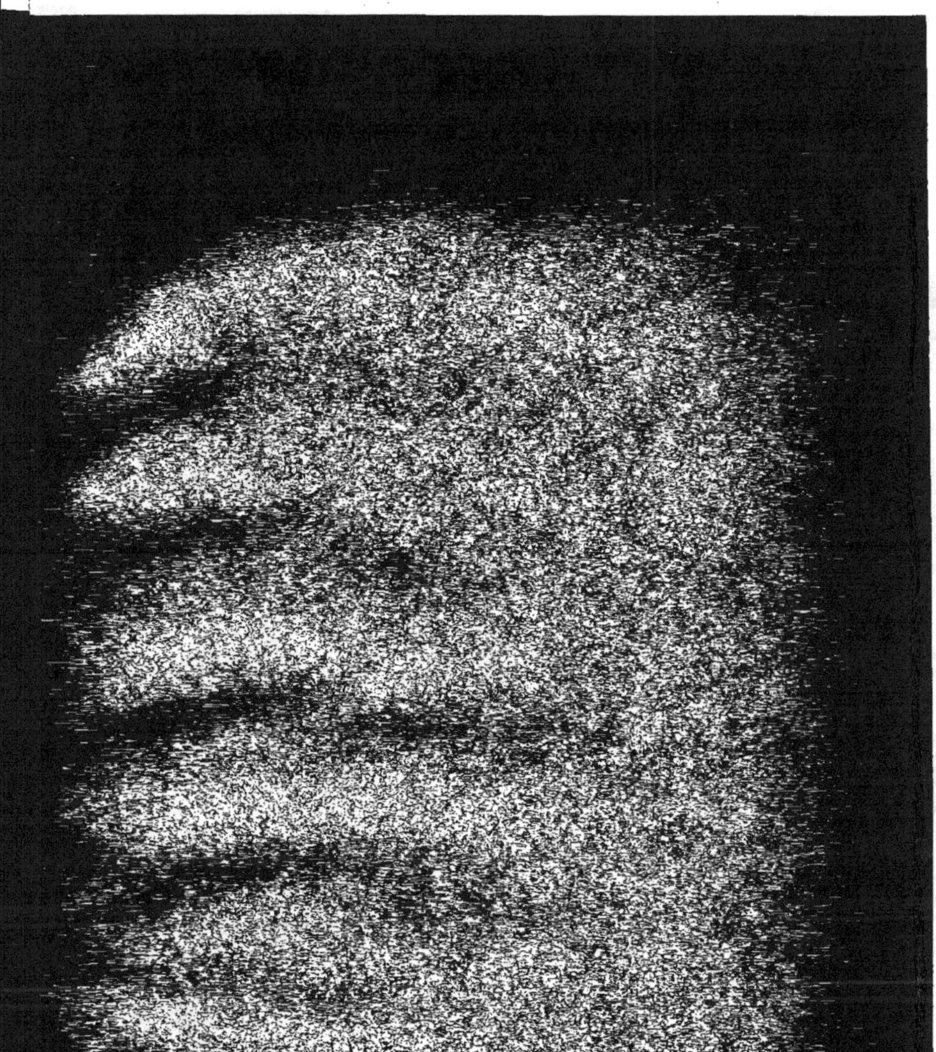

www.ingramcontent.com/pod-product-compliance
Lightning Source LLC
Chambersburg PA
CBHW060741280326
41934CB00010B/2312
* 9 7 8 2 0 1 1 3 2 0 1 0 0 *